화엄경 제25권(십회향품 제25-3)

화엄경 제25권에는 무진공덕장회향(無盡功德藏廻向)과 수순견고일체선근회향(隨順堅固一切善根廻向) 일부가 나온다. 먼저 무진공덕장회향에서는 무엇이 무진공덕장회향인지 그 정의를 간단하게 말하고 (pp.1~15), 큰 원을 원만히 하여 국토를 장엄하며 (pp.15~22), 방편회향과 업보의 적멸과 집착 없는 선근을 설하고(pp.22~23), 복과 지혜가 무진함을 설한 뒤(pp.24~38), 게송으로 읊는다. (pp.40~53)
"菩薩成就深心力 普於諸法得自在~無實衆生而可說 但依世俗假宣示"

그리고 견고수순일체선근회향에서는 먼저 글의 의미를 밝히고 (pp.53~61) 음식·음료수·車乘·꽃다발·옷·향·房舍·住處·탕약·기물 등의 시주에 대하여 구체적으로 밝힌다.(pp.61~105)

十廻向品

第二十五之三

菩薩摩訶薩、此菩薩摩訶薩云何爲菩薩摩訶薩無盡功德藏廻向。佛子、此菩薩摩訶薩、悔過一切諸業、禮敬一切諸佛、勸請一切諸佛說法、所起善根、所起善根、聞佛所說法所起善根、諸佛所起善根、一切菩薩摩訶薩所起善根、懺除一切重障諸所起善、

사경의 공덕은 십만억 부처님께 공양한 것과 같은 공덕이 있습니다.

大方廣佛華嚴經 1

世세	薩살	世세	皆개	切체	境경	法법
諸제	衆중	一일	生생	諸제	界계	精정
佛불	精정	切체	隨수	佛불	所소	勤근
成성	勤근	諸제	喜희	一일	起기	修수
等등	修수	佛불	所소	切체	善선	習습
正정	習습	善선	起기	衆중	根근	悟오
覺각	所소	根근	善선	生생	於어	不불
轉전	得득	無무	根근	所소	去거	思사
正정	善선	盡진	去거	有유	來래	議의
法법	根근	諸제	來래	善선	今금	廣광
輪륜	三삼	菩보	今금	根근	一일	大대

薩如是念不可說諸佛境界
是等皆生隨喜所有善根
已正法住世乃至滅盡
乃至示現入般涅槃
初發心所修菩薩行成最正覺
喜調伏衆生善根菩薩悉知諸佛發隨

사경의 공덕은 십만억 부처님께 공양한 것과 같은 공덕이 있습니다.

凡所隨　善境及
所修喜凡根如自
攝行凡所　是境
持凡所積　廣界
凡所圓集　大乃
所獲滿凡　無至
增得凡所　量菩
長凡所信　差提
悉所成解　別無
以知就凡　一障
廻覺凡所　切礙

사경의 공덕은 십만억 부처님께 공양한 것과 같은 공덕이 있습니다.　　大方廣佛華嚴經 4

向莊嚴一切諸佛國土 一切

應嚴所謂世界無量無邊際劫一切
眾佛知無如過一切諸佛國土一切
生刹菩量一去一
起清薩無切
如淨所數如世
來業識佛來無
神行大世所邊
力所心界行際
之流所種之劫
所所受佛處一
示引莊智所切

사경의 공덕은 십만억 부처님께 공양한 것과 같은 공덕이 있습니다.

盡 진	得 득	等 등		中 중	菩 보	現 현
法 법	一 일	覺 각	盡 진	成 성	薩 살	諸 제
界 계	切 체	徧 변	未 미	道 도	妙 묘	佛 불
虛 허	淸 청	法 법	來 래	示 시	行 행	出 출
空 공	淨 정	界 계	際 제	現 현	所 소	世 세
界 계	莊 장	住 주	所 소	種 종	興 흥	淨 정
無 무	嚴 엄	當 당	有 유	種 종	一 일	業 업
邊 변	功 공	成 성	如 여	自 자	切 체	所 소
無 무	德 덕	佛 불	來 래	在 재	諸 제	成 성
際 제	佛 불	道 도	應 응	神 신	佛 불	普 보
無 무	土 토	當 당	正 정	力 력	於 어	賢 현

사경의 공덕은 십만억 부처님께 공양한 것과 같은 공덕이 있습니다.

	莊	切	衣	切	無	斷
	장	체	의	체	무	단
如	嚴	諸	莊	香	量	無
여	엄	제	장	향	량	무
來		佛	嚴	莊	妙	盡
래		불	엄	장	묘	진
所		力	一	寶	皆	
소		력	일	보	개	
都		莊	切	一	之	從
도		장	체	일	지	종
不		嚴	功	所	如	
불		엄	공	소	여	
可		一	德	華	莊	來
가		일	덕	화	장	래
思		切	藏	莊	嚴	智
사		체	장	장	엄	지
議		佛	莊	嚴	所	慧
의		불	장	엄	소	혜
同		國	嚴	一	謂	所
동		국	엄	일	위	소
行		土	一	切	一	生
행		도	일	체	일	생

사경의 공덕은 십만억 부처님께 공양한 것과 같은 공덕이 있습니다.

宿緣諸淸淨眾於中止住未
來世中當成正覺於中一切諸佛淨
之所成就非世所見此諸菩薩具大淨
眼乃能照見諸菩薩一切菩薩大淨
威德宿植善根知諸菩薩
幻如化普行菩薩諸清淨法業如
入不思議自在三昧善巧方

사경의 공덕은 십만억 부처님께 공양한 것과 같은 공덕이 있습니다.

大方廣佛華嚴經 8

便能作佛事 放佛光明 普照世間 無有限極 現在一切諸佛世尊 悉亦如是 莊嚴世界 無量形相 無量光色 悉是功德之所成就 無量寶樹 無數莊嚴 無數宮殿 無數音聲隨

사경의 공덕은 십만억 부처님께 공양한 것과 같은 공덕이 있습니다.

莊 장	切 체	幡 번	末 말	切 체	功 공	順 순
嚴 엄	寶 보	莊 장	香 향	香 향	德 덕	宿 숙
阿 아	欄 란	嚴 엄	莊 장	莊 장	莊 장	緣 연
僧 승	楯 순	一 일	嚴 엄	嚴 엄	嚴 엄	諸 제
祇 기	莊 장	切 체	一 일	一 일	無 무	善 선
河 하	嚴 엄	寶 보	切 체	切 체	有 유	知 지
莊 장	阿 아	繒 증	寶 보	鬘 만	窮 궁	識 식
嚴 엄	僧 승	綵 채	莊 장	莊 장	盡 진	示 시
阿 아	祇 기	莊 장	嚴 엄	嚴 엄	所 소	現 현
僧 승	金 금	嚴 엄	一 일	一 일	謂 위	一 일
祇 기	網 망	一 일	切 체	切 체	一 일	切 체

사경의 공덕은 십만억 부처님께 공양한 것과 같은 공덕이 있습니다.

所소	知지	十시	具구		妙묘	雲운
有유	佛불	方방	莊장	如여	音음	雨우
一일	所소	無무	嚴엄	是시		莊장
切체	宣선	量량	一일	等등		嚴엄
佛불	說설	種종	切체	無무		阿아
土토	一일	種종	盡진	量량		僧승
所소	切체	業업	法법	無무		祇기
謂위	世세	起기	界계	數수		音음
莊장	界계	佛불	虛허	莊장		樂악
嚴엄	其기	所소	空공	嚴엄		奏주
佛불	中중	了료	界계	之지		微미

사경의 공덕은 십만억 부처님께 공양한 것과 같은 공덕이 있습니다.

사경의 공덕은 십만억 부처님께 공양한 것과 같은 공덕이 있습니다.

第一佛土 最勝佛土 無上佛土 譬如過去未來現在一切 佛土如是所有莊嚴菩薩摩訶薩 以佛土 勝佛土 極勝佛土 無等佛土 無上無比佛土 殊勝佛土 最勝佛土 以己善根發心廻向願以如

사경의 공덕은 십만억 부처님께 공양한 것과 같은 공덕이 있습니다.

是시	嚴엄	淨정	所소	一일	國국	是시
盡진	好호	皆개	有유	世세	土토	去거
法법	皆개	悉실	莊장	界계	清청	來래
界계	悉실	聚취	嚴엄	如여	淨정	現현
虛허	住주	集집	皆개	彼피	莊장	在재
空공	持지	皆개	悉실	一일	嚴엄	一일
界계	如여	悉실	成성	切체	悉실	切체
一일	一일	顯현	就취	諸제	以이	諸제
切체	世세	現현	皆개	佛불	莊장	佛불
世세	界계	皆개	悉실	國국	嚴엄	所소
界계	如여	悉실	清청	土토	於어	有유

사경의 공덕은 십만억 부처님께 공양한 것과 같은 공덕이 있습니다.

善能分別一切世界 諸菩薩體性眞實智慧通達 佛刹諸大菩薩願皆悉充滿 根如是諸菩薩摩訶薩所修 佛子菩薩莊嚴三世一切諸佛國 土種種種莊嚴皆悉具足以一切善 悉亦如是

界	愚	可	亦		得	根
深	癡	思	念	智	生	之
入	成	議	於	光	生	主
法	就	念	捨	普	諸	發
界	念	僧	法	照	佛	生
及	佛	無	日	見	法	無
虛	念	量	圓	無	爲	上
空	法	普	滿	所	衆	菩
界	眞	皆		礙	勝	提
捨	實	周	從		上	之
離	不	徧	無		善	心

사경의 공덕은 십만억 부처님께 공양한 것과 같은 공덕이 있습니다.

사경의 공덕은 십만억 부처님께 공양한 것과 같은 공덕이 있습니다.

大智慧 善能 入一切 無量 無邊 法界 之 境義 善能 分別 無量 無邊 法界 之 句

普現 於一一 一切 佛刹 皆 心 如 虛空 無 能 所 著 而 無 所 依 而

有所 依 而 能 分別 一 切 法

善能 入 出 不可 思議 甚深 三

演연	持지	普보	無무	佛불	昧매
出출	知지	一일	照조	所소	力력	趣취
不불	阿아	切체	一일	畏외	開개	薩살
可가	僧승	佛불	切체	隨수	示시	婆바
思사	祇기	法법	如여	順순	演연	若야
議의	諸제		來래	三삼	說설	住주
差차	語어		法법	世세	阿아	諸제
別별	言언		界계	諸제	僧승	佛불
音음	法법		悉실	佛불	祇기	刹찰
聲성	善선		能능	善선	法법	得득
入입	能능		受수	根근	而이	諸제

사경의 공덕은 십만억 부처님께 공양한 것과 같은 공덕이 있습니다.

於어	一일	諍쟁	增증	知지	願원	國국
無무	切체	無무	廣광	句구	令령	充충
上상	世세	所소	菩보	義의	如여	滿만
佛불	界계	依의	提리	能능	是시	分분
自자	而이	法법	之지	隨수	諸제	布포
在재	無무	無무	心심	次차	大대	隨수
地지	障장	所소	得득	第제	菩보	順순
普보	礙애	分분	善선	開개	薩살	安안
遊유	行행	別별	巧교	示시	莊장	住주
十시	於어	修수	智지	演연	嚴엄	熏훈
方방	無무	習습	善선	說설	其기	修수

사경의 공덕은 십만억 부처님께 공양한 것과 같은 공덕이 있습니다.

極	寂		無	不	說	方
극	적		무	불	설	방
熏	於	皆	等	可	諸	所
훈	어	개	등	가	제	소
修	一	有	不	量	大	一
수	일	유	불	량	대	일
純	佛	如	可	不	菩	切
순	불	여	가	불	보	체
淨	刹	是	數	可	薩	方
정	찰	시	수	가	살	방
極	隨	無	不	說	周	所
극	수	무	불	설	주	소
純	一	數	可	不	徧	亦
순	일	수	가	불	변	역
淨	方	無	稱	可	充	復
정	방	무	칭	가	충	부
恬	所	量	不	說	滿	如
념	소	량	불	설	만	여
然		無	可	不	如	是
연		무	가	불	여	시
宴	邊	思	可	不	一	如
연	변	사	가	불	일	여

사경의 공덕은 십만억 부처님께 공양한 것과 같은 공덕이 있습니다.

提리	切체	廻회	根근		佛불	一일
方방	如여	向향	方방	佛불	刹찰	佛불
便편	來래	一일	便편	子자	悉실	刹찰
廻회	方방	切체	廻회	菩보	亦역	盡진
向향	便편	菩보	向향	薩살	如여	虛허
一일	廻회	薩살	一일	摩마	是시	空공
切체	向향	方방	切체	訶하		徧변
廣광	一일	便편	佛불	薩살		法법
大대	切체	廻회	刹찰	以이		界계
願원	佛불	向향	方방	諸제		一일
方방	菩보	一일	便편	善선		切체

輪	徧	命	於	於	向	便
류	변	명	어	어	향	편
	周	無	世	一	淨	廻
	주	무	세	일	정	회
法	量	方	切	一	向	
법	량	방	체	일	향	
界	方	便	世	切	一	
계	방	편	세	체	일	
轉	便	廻	界	衆	切	
전	편	회	계	중	체	
無	廻	向	常	生	出	
무	회	향	상	생	출	
障	向	常	見	界	要	
장	향	상	견	계	요	
礙	常	見	諸	方	道	
애	상	견	제	방	도	
不	見	如	佛	便	方	
불	견	여	불	편	방	
退	諸	來	出	廻	便	
퇴	제	래	출	회	편	
法	佛	壽	興	向	廻	
법	불	수	흥	향	회	

사경의 공덕은 십만억 부처님께 공양한 것과 같은 공덕이 있습니다.

切	國	薩	普	國	根	
체	국	살	보	국	근	
佛	土	皆	至	土	如	佛
불	토	개	지	토	여	불
土	佛	悉	一	故	是	子
토	불	실	일	고	시	자
諸	出	清	切	一	迴	菩
제	출	청	체	일	회	보
如	興	淨	衆	切	向	薩
여	흥	정	중	체	향	살
來	故	普	生	佛	時	摩
래	고	보	생	불	시	마
身	一	願	界	刹	普	訶
신	일	원	계	찰	보	하
超	切	一	故	皆	入	薩
초	체	일	고	개	입	살
然	法	切	一	悉	一	以
연	법	체	일	실	일	이
出	界	諸	切	清	切	諸
출	계	제	체	청	체	제
現	一	佛	菩	淨	佛	善
현	일	불	보	정	불	선

사경의 공덕은 십만억 부처님께 공양한 것과 같은 공덕이 있습니다.

	際	皆	不	廣	等	
佛	普	悉	思	大	無	佛
子	能	寂	議	猶	比	子
菩	徧	滅	知	如	廻	菩
薩	入	心	一	虛	向	薩
摩	一	常	切	空	趣	摩
訶	切	平	業	無	薩	訶
薩	法	等	及	有	婆	薩
如	界	無	以	限	若	以
是		有	果	量	其	如
廻		邊	報	入	心	是

사경의 공덕은 십만억 부처님께 공양한 것과 같은 공덕이 있습니다.

死사	壞괴	著착	調조	及급	分분	向향
有유	果과	於어	伏복	以이	別별	時시
分분	不불	思사	不불	嚴엄	佛불	不불
別별	取취	及급	分분	淨정	及급	分분
不불	事사	思사	別별	不불	以이	別별
謂위	不불	所소	業업	分분	佛불	我아
涅열	取취	起기	及급	別별	法법	及급
槃반	法법	不불	業업	衆중	不불	以이
恒항	不불	壞괴	果과	生생	分분	我아
寂적	謂위	因인	報보	及급	別별	所소
靜정	生생	不불	不불	以이	刹찰	不불

別	無	定	向		法	不
취	무	정	향		법	불
取	稱	成	時	佛	與	謂
취	칭	성	시	불	여	위
著	量	熟	以	子	法	如
착	량	숙	이	자	법	여
菩	無	平	諸	菩	同	來
보	무	평	제	보	동	래
薩	虛	等	善	薩	止	證
살	허	등	선	살	지	증
摩	妄	敎	根	摩		佛
마	망	교	근	마		불
訶	遠	化	普	訶		境
하	원	화	보	하		경
薩	離	無	施	薩		界
살	리	무	시	살		계
如	一	相	衆	如		無
여	일	상	중	여		무
是	切	無	生	是		有
시	체	무	생	시		유
廻	分	緣	決	廻		少
회	분	연	결	회		소

사경의 공덕은 십만억 부처님께 공양한 것과 같은 공덕이 있습니다.

向 향	世 세	念 념	淨 정	一 일	深 심	無 무
己 이	一 일	一 일	諸 제	切 체	入 입	量 량
得 득	切 체	切 체	佛 불	衆 중	法 법	心 심
諸 제	菩 보	刹 찰	生 생	界 계	等 등
無 무	薩 살	故 고	界 계	故 고	虛 허
盡 진	佛 불	得 득	故 고	得 득	空 공
善 선	故 고	無 무	得 득	無 무	界 계
根 근	無 무	盡 진	無 무	盡 진	故 고
所 소	盡 진	善 선	盡 진	善 선	得 득
謂 위	善 선	根 근	善 선	根 근	無 무
念 념	根 근	淨 정	根 근	修 수	盡 진
三 삼					

사경의 공덕은 십만억 부처님께 공양한 것과 같은 공덕이 있습니다.

生 생	善 선		得 득	故 고	無 무	善 선
界 계	根 근	佛 불	無 무	得 득	盡 진	根 근
無 무	如 여	子 자	盡 진	無 무	善 선	深 심
有 유	是 시	菩 보	盡 진	善 선	根 근	解 해
衆 중	廻 회	薩 살	根 근	善 선	於 어	一 일
生 생	向 향	摩 마		根 근	菩 보	切 체
解 해	時 시	訶 하	了 료	薩 살	佛 불
一 일	了 료	薩 살		達 달	業 업	境 경
切 체	一 일	以 이		三 삼	勤 근	界 계
法 법	切 체	一 일		世 세	修 수	故 고
無 무	衆 중	切 체		故 고	習 습	得 득

사경의 공덕은 십만억 부처님께 공양한 것과 같은 공덕이 있습니다.

一	觀	無	緣	法	悟	有	
切	一	所	起	無	一	壽	
境	切	依	無	有	切	命	
界	菩	了	有	忿	法	知	
悉	薩	一	住	諍	無	一	
無	行	切	處	觀	補	切	
所	亦	刹	知	一	伽	法	
有	無	悉	一	切	羅	無	
	處	無	切	法	了	有	
		所	所	物	皆	一	作
			見	住	皆	從	切	者

사경의 공덕은 십만억 부처님께 공양한 것과 같은 공덕이 있습니다.

一切處 令諸衆生 積集善根
功德 無量 妙法 所圓滿 故
法解 如來 身非 如虛空 而
爲智 所入 亦無 衆 少智 而有 少入 一切 於
復不時 見眼 終不 相 不見 無佛 少剎 亦
向佛子 菩薩 摩訶薩 如是 廻

사경의 공덕은 십만억 부처님께 공양한 것과 같은 공덕이 있습니다.

德덕 薩살 善선 地지 念념　　悉실
藏장 摩마 根근 具구 中중 佛불 充충
隨수 訶하 爲위 足족 得득 子자 足족
有유 薩살 一일 一일 不불 此차 故고
所소 成성 切체 切체 可가 菩보
須수 就취 衆중 福복 說설 薩살
一일 如여 生생 德덕 不불 摩마
切체 意의 福복 成성 可가 訶하
樂악 摩마 田전 就취 說설 薩살
具구 尼니 此차 淸청 十십 於어
悉실 功공 菩보 淨정 力력 念념

사경의 공덕은 십만억 부처님께 공양한 것과 같은 공덕이 있습니다.

勝 승	向 향			取 취	說 설	一 일	皆 개
色 색	時 시	佛 불	福 복	不 불	切 체	得 득
相 상	修 수	子 자	德 덕	可 가	國 국	故 고
無 무	一 일	菩 보	修 수	說 설	土 토	隨 수
比 비	切 체	薩 살	治 치	衆 중	隨 수	所 소
威 위	菩 보	摩 마	諸 제	生 생	所 소	遊 유
力 력	薩 살	訶 하	行 행	皆 개	行 행	方 방
光 광	行 행	薩 살	故 고	悉 실	處 처	悉 실
明 명	福 복	如 여		清 청	令 령	能 능
超 초	德 덕	是 시		淨 정	不 불	嚴 엄
諸 제	殊 수	廻 회		攝 섭	可 가	淨 정

사경의 공덕은 십만억 부처님께 공양한 것과 같은 공덕이 있습니다.

世間魔及魔民 莫能瞻對其心悉
彌善根等具足 大願成就於一念中
能周徧無一切 智大於一念中無量悉
了達一切諸佛佛境界刹於力一無量
佛得深信解住無邊智於力一無量
心力廣大如法界究竟如虛

사경의 공덕은 십만억 부처님께 공양한 것과 같은 공덕이 있습니다.

空空佛子是名菩薩摩訶薩第

五無盡藏佛子是名菩薩摩訶薩

五無盡藏何等爲十所謂

菩薩摩訶薩住此十廻向

得十種無盡藏何謂爲十所謂

見佛無盡藏得諸佛法無盡藏

阿僧祇諸佛出興於世一毛孔

中得見無盡藏入

法無盡藏以佛出興智力觀一切

法	藏	失	一	得	理	
법	장	실	일	득	이	
悉	受	故	切	解	趣	得
실	수	고	체	해	취	득
入	持	得	佛	義	分	無
입	지	득	불	의	분	무
一	一	決	所	趣	齊	邊
일	일	결	소	취	제	변
法	切	定	說	無	故	悟
법	체	정	설	무	고	오
故	佛	慧	法	盡		解
고	불	혜	법	진		해
得	所	無	秘	藏		無
득	소	무	비	장		무
憶	說	盡	密	善		盡
억	설	진	밀	선		진
持	法	藏	方	知		藏
지	법	장	방	지		장
無	無	善	便	諸		以
무	무	선	편	제		이
盡	忘	知	故	法		如
진	망	지	고	법		여

사경의 공덕은 십만억 부처님께 공양한 것과 같은 공덕이 있습니다.

사경의 공덕은 십만억 부처님께 공양한 것과 같은 공덕이 있습니다.

畏行障菩　向　力
無以礙薩時爾普
盡離一摩得時觀
藏垢切訶此金十
具繪智薩十剛方
足而故以種幢而
繋是一無菩說
其爲切盡薩頌
菩頂十善藏承言
薩至佛根　佛
所無廻　神

사경의 공덕은 십만억 부처님께 공양한 것과 같은 공덕이 있습니다.

大方廣佛華嚴經 38

菩薩 成就 深心 自在 力
普 於 諸 法 得 自 在 力...

菩보	普보	以이	無무	三삼	嚴엄	所소
薩살	於어	其기	礙애	世세	淨정	有유
成성	諸제	勸권	方방	所소	佛불	功공
就취	法법	請청	便편	有유	刹찰	德덕
深심	得득	隨수	善선	諸제	徧변	靡미
心심	自자	喜희	廻회	如여	世세	不불
力력	在재	福복	向향	來래	間간	具구

사경의 공덕은 십만억 부처님께 공양한 것과 같은 공덕이 있습니다.

廻向淨刹亦如是
三世所有諸佛法
菩薩皆悉諦思惟
以是心攝取無餘
如是莊嚴諸佛刹
盡於三世所有劫
讚一佛刹諸功德

三世諸佛諸劫 猶可窮盡
佛刹功德無有窮盡
菩薩如是一切諸佛有餘刹
總以莊嚴悉見無有佛土
一切佛佛土悉如是
有諸佛子心悉清淨

悉從如來法化生
一一切功德莊嚴心
一一切諸佛刹皆悉充滿
彼諸菩薩悉皆具足
無量相好莊嚴
辯才演說徧世間
譬如大海無窮盡

菩薩 安住 諸 三昧
一切 所 行 皆 具 足
其 心 清 淨 無 與 等
光明 普照 十方 刹界
如是 無餘 諸 佛
此 諸 菩薩 皆 充滿
未曾憶念 聲聞 乘

菩 보	十 시	具 구	普 보	善 선	菩 보	亦 역
薩 살	方 방	足 족	欲 욕	根 근	薩 살	復 부
威 위	所 소	了 료	令 령	廻 회	如 여	不 불
力 력	有 유	知 지	其 기	向 향	是 시	求 구
悉 실	衆 중	諸 제	成 성	諸 제	心 심	緣 연
摧 최	魔 마	佛 불	正 정	群 군	淸 청	覺 각
破 파	怨 원	法 법	道 도	生 생	淨 정	道 도

勇猛 智慧 無 能 勝 法

決定 修行 究竟 法

菩薩 以 此 廻向

所有 無 盡 功 德 藏

入 於 無 盡 功 德 藏

去 來 現 在 常 無 無 盡

菩薩 善 觀 諸 行 法

사경의 공덕은 십만억 부처님께 공양한 것과 같은 공덕이 있습니다.

了요 有유 亦역 無무 不불 旣기 了요
知지 法법 無무 有유 妄망 知지 達달
一일 無무 有유 色색 取취 諸제 其기
切체 法법 想상 法법 業업 法법 性성
無무 皆개 無무 無무 及급 性성 不부
所소 悉실 無무 色색 果과 如여 自자
得득 無무 想상 法법 報보 是시 在재

一切諸法因緣生無
體性非有亦非緣
而於因緣及所起
畢竟於中無所取著
一切眾生語言處
於一畢竟於中無所
於中畢竟無所得
了知名相皆無分別

明解 諸法
如衆生
如是了知
三世所攝
刹及諸業
以如是智
而以廻向
隨其悟解
福業生

諸法 悉無
本寂滅
一切餘法
性無有
皆平等

此諸福相 亦亦如解
豈復於福中有可得
如是廻向諸心無可垢
永不稱其量皆諸法性
了達其性皆非法性
不住世間亦不非出性
一切所行衆善業

悉以此廻向諸群生

莫不了達其真性遣除

所有分別皆虛妄見

所有一切皆虛妄見

悉皆棄捨無有餘

離諸熱惱恒清涼

住於解脫無礙地

菩薩 不不壞壞 諸一一切切法法性 亦不滅壞 諸法 猶如響 無所著 解了 一切法 悉了知於 三世 諸和 合 所生 亦悉了知 從因緣 和合 起 亦知心 樂及習氣

未曾滅壞 一切法
了達業性 非是業
而亦不違 諸法相
又亦不壞 業果報
說諸法性 從緣起
了知眾生 無有生
亦無眾生 可流轉

下臨子隨
凡御此順佛
諸大菩堅子但無
怨國薩固自依實
敵威摩云何世衆
靡德訶一爲俗生
不廣切菩假而
歸被薩善薩宣可
順名或根摩示說
發震爲廻訶
號天帝向薩
王佛薩

施令悉依正法執持所向一蓋薄

陰萬方周行率土所向無礙

以離垢繒而繫其頂於法自

在見者咸伏不刑其不頂於法德

從化以四攝法不刑罰感法

轉輪王一切周給攝諸眾生為

菩薩摩訶薩安住如是自

	離리	力력	具구	嚴엄	離리	在재
具구	諸제	成성	足족	相상	衆중	功공
足족	業업	就취	獲획	好호	過과	德덕
修수	障장	無무	那나	圓원	失실	有유
行행		能능	羅라	滿만	見견	大대
一일		屈굴	延연	形형	者자	眷권
切체		伏복	堅견	體체	無무	屬속
布보		得득	固고	肢지	厭염	不불
施시		清청	之지	分분	福복	可가
或혹		淨정	身신	均균	德덕	沮저
施시		業업	大대	調조	莊장	壞괴

사경의 공덕은 십만억 부처님께 공양한 것과 같은 공덕이 있습니다.

幢	有	象	燭	牀	施	飮
당	유	상	촉	상	시	음
幡	來	馬	病	座	衣	食
번	래	마	병	좌	의	식
寶	乞	悉	緣	房	服	及
보	걸	실	연	방	복	급
物	王	皆	湯	舍	或	諸
물	왕	개	탕	사	혹	제
諸	所	嚴	藥	及	施	上
제	소	엄	약	급	시	상
莊	處	飾	寶	所	華	味
장	처	식	보	소	화	미
嚴	座	歡	器	住	鬘	或
엄	좌	환	기	주	만	혹
具	若	喜	寶	處	雜	施
구	약	희	보	처	잡	시
頂	蓋	布	車	上	香	車
정	개	보	거	상	향	거
上	若	施	調	妙	塗	乘
상	약	시	조	묘	도	승
寶	傘	或	良	燈	香	或
보	산	혹	량	등	향	혹

사경의 공덕은 십만억 부처님께 공양한 것과 같은 공덕이 있습니다.

膚 부	其 기		救 구	諸 제	所 소	冠 관
頂 정	身 신		彼 피	財 재	悋 린	髻 계
髮 발	以 이		見 견	令 령	寶 보	中 중
歡 환	代 대		獄 옥	脫 탈	若 약	明 명
喜 희	彼 피		囚 수		見 견	珠 주
施 시	命 명		將 장		眾 중	乃 내
與 여	或 혹		欲 욕	眷 권	生 생	至 지
亦 역	見 견		被 피	屬 속	在 재	王 왕
無 무	來 래		戮 륙	乃 내	牢 로	位 위
所 소	乞 걸		即 즉	至 지	獄 옥	皆 개
悋 린	連 련		捨 사	以 이	中 중	無 무
				身 신	捨 사	

사경의 공덕은 십만억 부처님께 공양한 것과 같은 공덕이 있습니다.

眼耳鼻舌及以牙齒頭頂手
足血肉骨髓心腎肝肺大腸
小腸厚皮薄皮手足諸指連
肉爪甲以歡喜心盡皆施與
或爲求請未曾有法投身
下深大火坑
或爲護持如來正法以身

사경의 공덕은 십만억 부처님께 공양한 것과 같은 공덕이 있습니다.

稱칭	捨사	衆중	生생	一일	至지	忍인
揚양	罪죄	生생	令령	切체	一일	受수
讚찬	業업	損손	修수	所소	字자	一일
歎탄	若약	敗패	善선	有유	悉실	切체
普보	見견	他타	行행	恒항	能능	苦고
使사	如여	形형	捨사	以이	徧변	毒독
聞문	來래	慈자	離리	正정	捨사	或혹
知지	成성	心심	諸제	法법	四사	爲위
或혹	最최	救구	惡악	化화	海해	求구
施시	正정	之지	若약	導도	之지	法법
於어	覺각	令령	見견	群군	內내	乃내

사경의 공덕은 십만억 부처님께 공양한 것과 같은 공덕이 있습니다.

妻처	捨사	踊용		以이	住주	地지
子자	王왕	躍약	或혹	自자	處처	造조
眷권	位위	爲위	施시	身신	及급	立립
屬속	城성	衆중	於어	施시	施시	僧승
隨수	邑읍	生생	佛불	來래	僮동	坊방
所소	聚취	故고	爲위	乞걸	僕복	房방
乞걸	落락	承승	求구	者자	供공	舍사
求구	宮궁	事사	法법		承승	殿전
悉실	殿전	供공	故고		作작	當당
滿만	園원	養양	歡환		役역	以이
其기	林림	或혹	喜희		或혹	爲위

사경의 공덕은 십만억 부처님께 공양한 것과 같은 공덕이 있습니다.

願或捨一切資生之物普說
無遮大施一之會其中衆生之物普
種福田大施一之會其中衆生種
或賢或愚或從遠來其中衆若
女人與非人或好心行不醜若男若
各異等皆施與悉令滿足所同
佛子菩薩摩訶薩如是施

사경의 공덕은 십만억 부처님께 공양한 것과 같은 공덕이 있습니다.

堅固一切善善時
견고일체선선시
固一切善攝攝發
고일체선섭섭발
一切善根受色善
일체선근수색선
切善根善想隨攝
체선근선상수섭
善根善攝行順心
선근선섭행순심
根善攝王識堅悉
근선섭왕식견실
善攝眷位隨固以
선섭권위수고이
攝資屬隨順一廻
섭자속수순일회
惠具隨順堅切向
혜구수순견체향
施隨順堅固善所
시수순견고선소
隨順堅固一根謂
수순견고일근위

사경의 공덕은 십만억 부처님께 공양한 것과 같은 공덕이 있습니다.

一切眾生所得智慧 無著無所顧恡具足行施 時其心清淨於上所施物 廻向無量無邊以妙彼 物無佛子菩薩摩訶薩 順堅固一切善根

一切眾生所得智慧食心無障 無著無所顧恡具足行施願 時其心清淨於所施物無貪 廻向無量無邊以妙彼善根眾生 物無佛子菩薩摩訶薩隨如是施 順堅固一切善根所施

善根廻向佛子菩薩摩訶薩 是爲菩薩摩訶薩施 愍衆生法爲身作福田現受搏食時 善根法身智身清淨遊行攝取哀 　法智慧充滿之以食 法喜出離之食 礙了知食性無所貪著但樂

사경의 공덕은 십만억 부처님께 공양한 것과 같은 공덕이 있습니다.

三昧調攝其心入智慧海興
法從喜淸淨法而生其身常以
法愛樂常求佛智離欲境界斷得世
渴精勤修習具菩薩道斷法味
水愛常求修一切眾生飮法
向所勤謂願以切眾生飮法
若施飮時以此善根如是廻

大法雲霔大法雨是爲菩薩摩訶薩布施飲時善根廻向佛子菩薩摩訶薩布施種種清淨上味所謂辛酸鹹淡及以甘苦種種諸味潤澤具足能令四大安隱調和肌體盈滿氣力強壯其心清淨常

사경의 공덕은 십만억 부처님께 공양한 것과 같은 공덕이 있습니다.

得歡喜咽咀之時不不不逆諸根明利內藏充實毒不不侵病不能傷始終無患永得安樂以此善根如是廻向所謂願一切眾生得最上味甘露充滿願一切眾生得法智味了知一切諸味業用

사경의 공덕은 십만억 부처님께 공양한 것과 같은 공덕이 있습니다.

一切 일체	智味 지미	一切 일체	徧法 변법	中願 중원	了達 료달	願 원
衆生 중생	無上 무상	衆生 중생	界普 계보	一切 일체	法界 법계	一切 일체
得法 득법	法 법	願 원	雨 우	衆 중	安住 안주	衆 중
無 무	喜 희	一 일	法 법	生 생	住 주	生 생
貪著 탐착	充滿 충만	切衆 체중	雨教 우교	作大 작대	實際 실제	得無 득무
一切 일체	身心 신심	生得 생득	化調 화조	法雲 법운	大法 대법	量法 량법
上 상	願 원	勝 승	伏 복	周 주	城 성	味 미

無무	退퇴	生생	諸제		修수	味미
異이	轉전	得득	佛불	願원	習습	不불
法법	願원	最최	法법	一일	一일	染염
味미	一일	勝승	悉실	切체	切체	世세
悉실	切체	味미	無무	衆중	佛불	間간
能능	衆중	乘승	差차	生생	法법	一일
分분	生생	一일	別별	得득		切체
別별	得득	切체	願원	一일		諸제
一일	入입	智지	一일	法법		味미
切체	諸제	終종	切체	味미		常상
諸제	佛불	無무	衆중	了료		勤근

사경의 공덕은 십만억 부처님께 공양한 것과 같은 공덕이 있습니다.

時시		悉실	爲위	摩마	得득	根근
以이	佛불	具구	令령	訶하	滿만	願원
諸제	子자	足족	一일	薩살	足족	一일
善선	菩보	無무	切체	布보	無무	切체
根근	薩살	礙애	衆중	施시	礙애	衆중
如여	摩마	智지	生생	味미	佛불	生생
是시	訶하	身신	勤근	時시	法법	法법
廻회	薩살	故고	修수	善선	是시	味미
向향	施시		福복	根근	爲위	增증
所소	車거		德덕	廻회	菩보	益익
謂위	乘승		皆개	向향	薩살	常상

사경의 공덕은 십만억 부처님께 공양한 것과 같은 공덕이 있습니다.

願智勝福無訶
一乘乘德量薩佛
切乘最具諸施子
衆於上足菩車菩
生大乘乘薩乘薩
皆乘速出乘時摩
得不疾世乘善訶
具可乘間爲根薩
足壞大菩乘廻布
一乘力出薩向施
切最乘生摩　衣

사경의 공덕은 십만억 부처님께 공양한 것과 같은 공덕이 있습니다.

時願其色第智時
以一身一潤第是善
諸切捨之爲根
善衆離皮樂菩廻
根生邪膚得薩向
如得道細最摩
是慚露軟清訶
廻愧形成淨薩
向衣惡就一布
所以諸法切施
謂覆顔佛種衣

사경의 공덕은 십만억 부처님께 공양한 것과 같은 공덕이 있습니다.

大方廣佛華嚴經 72

種種
種名佛
色華子
布菩
施薩
所摩
謂訶
微薩
妙
華
華
華
華
華
華
華
華
華

養意人華種種 種名佛 可 種 世 喜 色 華 子 如 所 樂 華 布 菩 是 珍 華 無 施 薩 等 愛 一 量 所 摩 無 華 切 奇 謂 訶 量 甚 時 妙 微 薩 妙 芬 華 華 妙 常 華 馥 天 善 香 以 供 悅 華 見 華 種

사경의 공덕은 십만억 부처님께 공양한 것과 같은 공덕이 있습니다.

	根근	貧빈	母모	菩보	人인	所소
所소	如여	窮궁	宗종	薩살	或혹	有유
謂위	是시	孤고	親친	諸제	以이	塔탑
願원	廻회	露로	下하	善선	供공	廟묘
一일	向향	布보	至지	知지	養양	或혹
切체		施시	自자	識식	比비	以이
衆중		之지	身신	聲성	丘구	供공
生생		時시	及급	聞문	僧승	養양
皆개		以이	餘여	獨독	寶보	說설
得득		諸제	一일	覺각	一일	法법
諸제		善선	切체	父부	切체	之지

사경의 공덕은 십만억 부처님께 공양한 것과 같은 공덕이 있습니다.

佛	諸	見	衆	一	業	無
불	제	견	중	일	업	무
三	法	者	生	切	願	變
삼	법	자	생	체	원	변
昧	願	歡	所	衆	一	異
매	원	환	소	중	일	이
之	一	喜	見	生	切	願
지	일	희	견	생	체	원
華	切	心	順	具	衆	一
화	체	심	순	구	중	일
悉	衆	無	愜	行	生	切
실	중	무	협	행	생	체
能	生	厭	心	廣	常	衆
능	생	염	심	광	상	중
開	皆	足	無	大	念	生
개	개	족	무	대	념	생
敷	得	願	動	清	善	如
부	득	원	동	청	선	여
一	如	一	亂	淨	友	阿
일	여	일	란	정	우	아
切	佛	切	願	之	心	伽
체	불	체	원	지	심	가

사경의 공덕은 십만억 부처님께 공양한 것과 같은 공덕이 있습니다.

知지	願원	切체	生생	悉실	陀다
識식	一일	衆중	智지	得득	藥약
具구	切체	生생	慧혜	爲위	能능
足족	衆중	菩보	日일	一일	除제
成성	生생	提리	光광	切체	一일
就취	入입	淨정	破파	衆중	切체
一일	大대	月월	愚우	生생	煩번
切체	寶보	增증	癡치	願원	惱뇌
善선	洲주	長장	暗암	滿만	衆중
根근	見견	滿만	願원	一일	大대
是시	善선	足족	一일	切체	願원
			衆중		皆개

사경의 공덕은 십만억 부처님께 공양한 것과 같은 공덕이 있습니다.

大方廣佛華嚴經

欽願時　無根爲
歎一以佛礙廻菩
見切諸子智向薩
者衆善菩故爲摩
親生根薩　令訶
善人如摩　衆薩
見所是訶　生布
者樂廻薩　皆施
愛見向布　得華
樂見所施　淸時
見者謂鬘　淨善

時시		廻회	菩보	佛불	見견	者자
以이	佛불	向향	薩살	見견	者자	渴갈
諸제	子자		摩마	者자	離리	仰앙
善선	菩보		訶하	淸청	惡악	見견
根근	薩살		薩살	淨정	見견	者자
如여	摩마		布보	獲획	者자	除제
是시	訶하		施시	一일	常상	憂우
廻회	薩살		鬘만	切체	得득	見견
向향	布보		時시	智지	親친	者자
願원	施시		善선	是시	近근	生생
一일	香향		根근	爲위	於어	喜희

사경의 공덕은 십만억 부처님께 공양한 것과 같은 공덕이 있습니다.

施시	佛불	衆중	世세	戒계	不부	切체
香향	戒계	生생	戒계	無무	雜잡	衆중
時시	身신	以이	菩보	熱열	戒계	生생
善선	是시	是시	薩살	戒계	不불	具구
根근	爲위	戒계	波바	無무	汚오	足족
廻회	菩보	故고	羅라	犯범	戒계	戒계
向향	薩살	皆개	密밀	戒계	無무	香향
爲위	摩마	得득	戒계	無무	悔회	得득
令령	訶하	成성	願원	邊변	戒계	不불
衆중	薩살	就취	一일	戒계	離리	缺결
生생	布보	諸제	切체	出출	纏전	戒계

사경의 공덕은 십만억 부처님께 공양한 것과 같은 공덕이 있습니다.

戒계 戒계 惠혜 願원 時시　　　 悉실
願원 香향 捨사 一일 以이 佛불 得득
一일 普보 一일 切체 諸제 子자 圓원
切체 熏훈 切체 衆중 善선 菩보 滿만
衆중 得득 所소 生생 根근 薩살 無무
生생 於어 有유 施시 如여 摩마 礙애
忍인 如여 願원 香향 是시 訶하 戒계
香향 來래 一일 普보 廻회 薩살 蘊온
普보 究구 一일 熏훈 向향 施시 故고
熏훈 竟경 衆중 悉실 所소 塗도
離리 淨정 生생 能능 謂위 香향

사경의 공덕은 십만억 부처님께 공양한 것과 같은 공덕이 있습니다.

大方廣佛華嚴經 80

生생	念념		熏훈	進진	生생	於어
法법	得득	願원	安안	甲갑	精정	一일
香향	成성	一일	住주	冑주	進진	切체
普보	無무	切체	諸제	願원	香향	險험
熏훈	上상	衆중	佛불	一일	普보	害해
於어	智지	生생	現현	切체	熏훈	之지
無무	王왕	慧혜	前전	衆중	常상	心심
上상	願원	香향	三삼	生생	服복	願원
法법	一일	普보	昧매	定정	大대	一일
得득	切체	熏훈		香향	乘승	切체
無무	衆중	一일			普보	衆중

사경의 공덕은 십만억 부처님께 공양한 것과 같은 공덕이 있습니다.

塗香時善根廻向
도향시선근회향

善之法是爲菩薩摩訶薩
선지법시위보살마하살

白法妙香普熏永滅一切
백법묘향보훈영멸일체

到於彼岸願一普熏一切衆生得佛清淨
도어피안원일보훈일체중생득불청정

衆生菩提香普功德智願十力
중생보제향보공덕지원십력

成就一切大功德願香普一切
성취일체대공덕원향보일체

所畏願一切一切衆生德德香普重熏
소외원일체일체중생덕덕향보중훈

사경의 공덕은 십만억 부처님께 공양한 것과 같은 공덕이 있습니다.

時願大牀一一
시원대상일일
佛以願智牀一切切
불이원지상일체체
子諸衆慧捨衆生
자제중혜사중생
菩善衆願凡生死
보선중원범생사
薩根生一夫得苦
살근생일부득고
摩如得切意安惱
마여득체의안뇌
訶是諸衆住樂願
하시제중주락원
薩廻天生菩牀一
살회천생보상일
施向牀得提座切
시향상득제좌체
牀所座賢心永衆
상소좌현심영중
座謂證聖願離生
좌위증성원리생

사경의 공덕은 십만억 부처님께 공양한 것과 같은 공덕이 있습니다.

得究竟(득구경) 牀座(상좌) 得見諸佛(득견제불) 自在(자재)
神通願(신통원) 普熏(보훈) 一切(일체) 修(수) 衆生(중생) 一切(일체) 衆生(중생) 得(득) 善法(선법) 得平等(득평등) 牀(상)
座(좌) 恒(항) 普(보) 一切(일체) 熏(훈) 修(수) 一切(일체) 衆(중) 得(득) 最勝(최승) 善法(선법) 平等(평등) 牀座(상좌)
具(구) 淸淨業(청정업) 世(세) 無與等(무여등) 願(원) 一切(일체) 切(체)
衆生(중생) 得(득) 安隱(안은) 牀座(상좌) 證(증) 眞實法(진실법) 一切(일체) 牀座(상좌)
眞足究竟(진족구경) 願(원) 一切(일체) 衆生(중생) 得淸(득청)

사경의 공덕은 십만억 부처님께 공양한 것과 같은 공덕이 있습니다.

修習正念善根護諸根故
狀座時善根廻向為令衆生
脇而臥是師子床菩薩摩訶薩施
生得知識狀隨覆常如願如來
善知一切衆生得安願住一狀座得
願一狀座修習如來安住淨智境界

사경의 공덕은 십만억 부처님께 공양한 것과 같은 공덕이 있습니다.

大方廣佛華嚴經 85

有유	住주	住주	佛불	願원	時시	
離리	處처	甚심	刹찰	一일	以이	佛불
諸제	執집	深심	精정	切체	諸제	子자
世세	著착	三삼	勤근	衆중	善선	菩보
間간	了료	昧매	修수	生생	根근	薩살
住주	諸제	境경	習습	皆개	如여	摩마
一일	住주	界계	一일	得득	是시	訶하
切체	處처	捨사	切체	安안	廻회	薩살
智지	皆개	離리	功공	住주	向향	施시
攝섭	無무	一일	德덕	清청	所소	房방
取취	所소	切체	安안	淨정	謂위	舍사

사경의 공덕은 십만억 부처님께 공양한 것과 같은 공덕이 있습니다.

樂終菩廻其
一切諸佛所菩薩摩訶薩
不住處恒住所住第一住清淨善道安住清淨究竟道安
菩薩摩訶薩施住處
其廻向應思惟救護故
菩薩摩訶薩爲欲饒利益一切衆生隨
終不住捨離佛住無上住清淨是善爲根
樂不住處恒住所住第一住究竟道安

菩提心 보리심
住依 주의
一切 일체
菩薩 보살
道 도
住 주

大悲 대비
住 주
依 의
六 육
波 바
羅 라
密 밀
住 주
依 의
大 대

勝住 승주
依 의
善 선
行 행
住 주
依 의
大 대
慈 자
住 주
依 의

依 의
大 대
智 지
善 선
住 주
依 의
知 지
識 식
住 주
依 의
尊 존

安樂 안락
願 원
一切 일체
衆 중
生 생
常 상
獲 획
善 선
利 리
其 기
來 래
住 주

願 원
以 이
一切 일체
諸 제
衆 중
生 생
常 상
善 선
利 리
其 기
心 심

時 시
以 이
諸 제
善 선
根 근
如 여
是 시
廻 회
向 향
所 소
謂 위

사경의 공덕은 십만억 부처님께 공양한 것과 같은 공덕이 있습니다.

故(고) 淸(청) 故(고) 竟(경)　　善(선) 是(시)
一(일) 淨(정) 法(법) 淸(청) 爲(위) 根(근) 爲(위)
切(체) 故(고) 淸(청) 淨(정) 令(령) 廻(회) 菩(보)
神(신) 信(신) 淨(정) 故(고) 一(일) 向(향) 薩(살)
通(통) 解(해) 故(고) 智(지) 切(체)　　摩(마)
功(공) 淸(청) 戒(계) 淸(청) 福(복)　　訶(하)
德(덕) 淨(정) 淸(청) 淨(정) 德(덕)　　薩(살)
淸(청) 故(고) 淨(정) 故(고) 淸(청)　　施(시)
淨(정) 願(원) 故(고) 道(도) 淨(정)　　住(주)
故(고) 淸(청) 志(지) 淸(청) 故(고)　　處(처)
　　 淨(정) 樂(락) 淨(정) 究(구)　　時(시)

사경의 공덕은 십만억 부처님께 공양한 것과 같은 공덕이 있습니다.

明 燈 一 是 切 以
佛 所 漆 切 等 衆 此
子 謂 燈 香 無 生 善
菩 酥 火 燈 量 爲 根
薩 燈 無 燈 欲 如
摩 油 沈 量 時 攝 是
訶 燈 水 色 爲 受 廻
薩 寶 燈 光 欲 一 向
施 燈 栴 燈 利 切 所
諸 摩 檀 施 益 衆 謂
燈 尼 如 施 一 生 願

사경의 공덕은 십만억 부처님께 공양한 것과 같은 공덕이 있습니다.

身所生見　切一
出有得世願諸切
妙願離間一佛衆
光一翳極切正生
普切光微衆法得
照衆了細生　無
一生衆色得　量
切得生願清　光
願無界一淨　普
　邊空切光　照
　切光無衆照　一

사경의 공덕은 십만억 부처님께 공양한 것과 같은 공덕이 있습니다.

一	斷	一	切	光	無	衆
일	단	일	체	광	무	중

切 光 切 衆 一 退 生
체 광 체 중 일 퇴 생

衆 照 法 生 切 轉 得
중 조 법 생 체 전 득

生 諸 界 得 剎 願 普
생 제 계 득 찰 원 보

得 佛 願 無 中 一 照
득 불 원 무 중 일 조

智 剎 一 礙 悉 切 光
지 찰 일 애 실 체 광

幢 光 切 光 皆 衆 於
당 광 체 광 개 중 어

光 明 衆 一 顯 生 諸
광 명 중 일 현 생 제

普 不 生 光 現 得 佛
보 부 생 광 현 득 불

照 斷 得 徧 願 佛 法
조 단 득 변 원 불 법

世 願 無 照 一 淨 心
세 원 무 조 일 정 심

사경의 공덕은 십만억 부처님께 공양한 것과 같은 공덕이 있습니다.

大方廣佛華嚴經 92

分布衆生 此善根 生故 利益 菩薩 　 照 一切如是示現神 間願一切刹衆生得無量
以此善根 受衆生 善根隨逐 衆生安樂 　 示現神力
慈愍衆生 此善 衆生 一切 時爲
衆根以 衆 欲 色光

廻회	薩살	根근	以이	滿만	善선	生생
向향	施시	觀관	此차	衆중	根근	以이
無무	燈등	察찰	善선	生생	救구	此차
有유	明명	衆중	根근	以이	護호	善선
障장	時시	生생	等등	此차	衆중	根근
礙애	善선	是시	益익	善선	生생	覆부
普보	根근	爲위	衆중	根근	以이	育육
令령	廻회	菩보	生생	緣연	此차	衆중
衆중	向향	薩살	以이	念념	善선	生생
生생	如여	摩마	此차	衆중	根근	以이
住주	是시	訶하	善선	生생	充충	此차

사경의 공덕은 십만억 부처님께 공양한 것과 같은 공덕이 있습니다.

	得 득	得 득	願 원	時 시		善 선
願 원	如 여	出 출	一 일	以 이	佛 불	根 근
一 일	來 래	願 원	切 체	諸 제	子 자	中 중
切 체	身 신	一 일	衆 중	善 선	菩 보	
衆 중		切 체	生 생	根 근	薩 살	
生 생		衆 중	於 어	如 여	摩 마	
作 작		生 생	諸 제	是 시	訶 하	
大 대		永 영	蓋 개	廻 회	薩 살	
良 량		離 리	纏 전	向 향	施 시	
藥 약		病 병	究 구	所 소	湯 탕	
滅 멸		身 신	竟 경	謂 위	藥 약	

사경의 공덕은 십만억 부처님께 공양한 것과 같은 공덕이 있습니다.

除	生	退	藥		諸	生
제	생	퇴	약		제	생
一	成	轉	能		煩	作
일	성	전	능		번	작
切	阿	地	拔		惱	大
체	아	지	발		뇌	대
不	伽	願	一		修	藥
불	가	원	일		수	약
善	陀	一	切		清	王
선	다	일	체		청	왕
之	藥	切	煩		淨	永
지	약	체	번		정	영
病	安	衆	惱		行	除
병	안	중	뇌		행	제
願	住	生	毒		近	衆
원	주	생	독		근	중
菩	成	箭	賢		一	病
보	성	전	현		일	병
薩	如		聖		切	不
살	여		성		체	불
不	來		滅		衆	令
불	래		멸		중	령

一 일	菩 보	藥 약	箭 전	切 체	樹 수	重 중
切 체	薩 살	之 지	願 원	衆 중	悉 실	發 발
衆 중	摩 마	法 법	一 일	生 생	能 능	願 원
生 생	訶 하	所 소	切 체	得 득	救 구	一 일
永 영	薩 살	有 유	衆 중	一 일	療 료	切 체
離 리	施 시	疾 질	生 생	切 체	一 일	衆 중
衆 중	湯 탕	病 병	善 선	智 지	切 체	生 생
病 병	藥 약	爲 위	解 해	光 광	衆 중	作 작
故 고	時 시	其 기	世 세	出 출	生 생	不 불
究 구	爲 위	救 구	間 간	衆 중	願 원	壞 괴
竟 경	爺 령	療 료	方 방	病 병	一 일	藥 약

사경의 공덕은 십만억 부처님께 공양한 것과 같은 공덕이 있습니다.

根근	切체	得득	不불	盡진	病병	安안
如여	佛불	圓원	壞괴	堅견	故고	隱은
是시	自자	滿만	身신	固고	拔발	故고
廻회	在재	不불	故고	身신	除제	究구
向향	堅견	可가	得득	故고	一일	竟경
	固고	奪탈	堅견	得득	切체	淸청
	身신	佛불	固고	金금	病병	淨정
	故고	樂락	滿만	剛강	箭전	故고
	以이	故고	足족	圍위	故고	如여
	諸제	得득	力력	山산	得득	佛불
	善선	一일	故고	所소	無무	無무

사경의 공덕은 십만억 부처님께 공양한 것과 같은 공덕이 있습니다.

珠 주	眞 진	無 무	璃 리	滿 만	施 시	
寶 보	珠 주	量 량	器 기	雜 잡	一 일	佛 불
白 백	碼 마	寶 보	盛 성	寶 보	切 체	子 자
玉 옥	瑙 노	莊 장	種 종	白 백	器 기	菩 보
器 기	器 기	嚴 엄	種 종	銀 은	物 물	薩 살
盛 성	盛 성	具 구	寶 보	器 기	所 소	摩 마
衆 중	滿 만	硨 차	玻 파	盛 성	謂 위	訶 하
美 미	珊 산	磲 거	瓈 려	衆 중	黃 황	薩 살
食 식	瑚 호	器 기	器 기	妙 묘	金 금	悉 실
栴 전	摩 마	盛 성	盛 성	寶 보	器 기	能 능
檀 단	尼 니	赤 적	滿 만	瑠 유	盛 성	惠 혜

사경의 공덕은 십만억 부처님께 공양한 것과 같은 공덕이 있습니다.

住 주	遇 우		信 신	量 량	香 향	器 기
世 세	故 고	或 혹	佛 불	無 무	無 무	盛 성
故 고	或 혹	施 시	福 복	數 수	量 량	天 천
或 혹	施 시	菩 보	田 전	種 종	無 무	衣 의
施 시	聖 성	薩 살	不 불	種 종	數 수	服 복
聲 성	僧 승	知 지	思 사	衆 중	種 종	金 금
聞 문	爲 위	善 선	議 의	寶 보	種 종	剛 강
及 급	令 령	知 지	故 고	或 혹	寶 보	器 기
辟 벽	佛 불	識 식		施 시	器 기	盛 성
支 지	法 법	難 난		諸 제	盛 성	衆 중
佛 불	久 구	値 치		佛 불	無 무	妙 묘

사경의 공덕은 십만억 부처님께 공양한 것과 같은 공덕이 있습니다.

於諸尊重人 母爲誘誨 令其捨離 施諸下劣 貧窮孤露 修大慈悲 故或爲師長 故或爲父母 於諸聖人 尊重故 生淨信故 施大功德故 或爲恒 施 愛眼視諸衆生 故專意滿足 波羅蜜故 以一切物 普施一切 檀波羅蜜 故一切 來去

사경의 공덕은 십만억 부처님께 공양한 것과 같은 공덕이 있습니다.

虛 허	廻 회	寶 보	以 이	受 수		終 종
空 공	向 향	而 이	如 여	者 자	如 여	不 불
無 무	所 소	布 보	是 시	皆 개	是 시	厭 염
邊 변	謂 위	施 시	等 등	無 무	施 시	捨 사
藏 장	願 원	時 시	種 종	所 소	時 시	諸 제
器 기	一 일	以 이	種 종	著 착	於 어	衆 중
念 념	切 체	諸 제	寶 보	菩 보	其 기	生 생
力 력	衆 중	善 선	器 기	薩 살	施 시	故 고
廣 광	生 생	根 근	盛 성	摩 마	物 물	
大 대	成 성	如 여	無 무	訶 하	及 급	
悉 실	等 등	是 시	量 량	薩 살	以 이	

사경의 공덕은 십만억 부처님께 공양한 것과 같은 공덕이 있습니다.

大法器　受願　一切　淨器　無有　能受
器以不壞　一切眾生　三世佛法　眾生能悟成佛無　諸佛無上甚　忘失願出一切　持世世出世間
信攝受三　成就如來廣　上寶器悉　甚深正法願　切眾生一切生成　間一切經書

사경의 공덕은 십만억 부처님께 공양한 것과 같은 공덕이 있습니다.

來 래	成 성	智 지	德 덕	提 리	最 최	佛 불
無 무	就 취	慧 혜	所 소	之 지	勝 승	菩 보
礙 애	趣 취	生 생	依 의	心 심	寶 보	提 리
解 해	入 입	淨 정	處 처	願 원	莊 장	法 법
脫 탈	一 일	信 신	器 기	一 일	嚴 엄	願 원
	切 체	解 해	於 어	切 체	器 기	一 일
	智 지	願 원	諸 제	衆 중	住 주	切 체
	器 기	一 일	如 여	生 생	大 대	衆 중
	究 구	切 체	來 래	成 성	威 위	生 생
	竟 경	衆 중	無 무	就 취	德 덕	成 성
		如 여	生 생	量 량	功 공	菩 보	就 취

사경의 공덕은 십만억 부처님께 공양한 것과 같은 공덕이 있습니다.

法법	持지	一일	就취	住주	菩보	
界계	願원	切체	三삼	一일	薩살	願원
虛허	一일	諸제	世세	切체	行행	一일
空공	切체	佛불	諸제	智지	器기	切체
界계	衆중	妙묘	佛불	力력	能능	衆중
一일	生생	音음	種종	願원	令령	生생
切체	成성	所소	性성	一일	衆중	得득
世세	就취	說설	勝승	切체	生생	盡진
界계	容용	悉실	功공	衆중	普보	未미
一일	納납	能능	德덕	生생	皆개	來래
切체	盡진	受수	器기	成성	安안	劫겁

사경의 공덕은 십만억 부처님께 공양한 것과 같은 공덕이 있습니다.

願(원) 衆(중) 時(시) 　 輪(륜) 讚(찬) 如(여)
器(기) 生(생) 是(시) 　 　 說(설) 來(래)
故(고) 皆(개) 根(근) 爲(위) 　 之(지) 衆(중)
　 得(득) 廻(회) 菩(보) 　 首(수) 會(회)
　 圓(원) 向(향) 薩(살) 　 勸(권) 道(도)
　 滿(만) 爲(위) 摩(마) 　 請(청) 場(량)
　 普(보) 欲(욕) 訶(하) 　 諸(제) 器(기)
　 賢(현) 普(보) 薩(살) 　 佛(불) 爲(위)
　 菩(보) 令(령) 布(보) 　 轉(전) 大(대)
　 薩(살) 一(일) 施(시) 　 正(정) 丈(장)
　 　 切(체) 器(기) 　 法(법) 夫(부)
　 　 行(행) 　 　 　 　

사경의 공덕은 십만억 부처님께 공양한 것과 같은 공덕이 있습니다.

發 願 文

귀의 삼보하옵고

거룩하신 부처님께 발원하옵나이다.

주 소 : _____

전 화 : _____ 불명 : _____ 성명 : _____

불기 25_____년 _____월 _____일